El Tercer Mandamiento

Acuérdate del día de reposo, para santificarlo.

¿Qué quiere decir esto? Debemos temer y amar a Dios de modo que no despreciemos la predicación y su palabra, sino que la consideremos santa, la oigamos y aprendamos con gusto.

El Cuarto Mandamiento

Honra a tu padre y a tu madre.

¿Qué quiere decir esto? Debemos temer y amar a Dios de modo que no despreciemos ni irritemos a nuestros padres y superiores, sino que los honremos, les sirvamos, obedezcamos, los amemos y tengamos en alta estima.

El Quinto Mandamiento

No mates.

¿Qué quiere decir esto? Debemos temer y amar a Dios de modo que no hagamos daño o mal material alguno a nuestro prójimo en su cuerpo, sino que le ayudemos y hagamos prosperar en todas las necesidades de su vida.

El Sexto Mandamiento

No cometas adulterio.

¿Qué quiere decir esto? Debemos temer y amar a Dios de modo que llevemos una vida casta y decente en palabras y obras, y que cada uno ame y honre a su cónyuge.

El Séptimo Mandamiento

No robes.

¿Qué quiere decir esto? Debemos temer y amar a Dios de modo que no quitemos el dinero o los bienes de nuestro prójimo, ni nos apoderemos de ellos con mercaderías o negocios falsos, sino que le ayudemos a mejorar y conservar sus bienes y medios de vida.

El Octavo Mandamiento

No digas mentiras en perjuicio de tu prójimo.

¿Qué quiere decir esto? Debemos temer y amar a Dios de modo que no mintamos contra nuestro prójimo, ni le traicionemos, ni calumniemos, ni le difamemos, sino que le disculpemos, hablemos bien de él e interpretemos todo en el mejor sentido.

El Noveno Mandamiento

No codicies la casa de tu prójimo.

¿Qué quiere decir esto? Debemos temer y amar a Dios de modo que no tratemos de obtener con astucia la herencia o la casa de nuestro prójimo ni nos apoderemos de ellas con apariencia de derecho, sino que le ayudemos y cooperemos con él en la conservación de lo que le pertenece.

UNA EXPLICACIÓN SIMPLE DE LA FE CRISTIANA

Por casi quinientos años, esta explicación simple de la fe cristiana ha sido usada alrededor del mundo y traducida a cientos de idiomas. Te ayudará a entender lo que Dios espera de ti, lo que él ha hecho por ti, cómo puedes orar, y cómo te da los dones del perdón, la vida, y la salvación. Fue escrita por Martín Lutero en 1529 y es conocida como el Catecismo Menor o Enquiridión, que simplemente quiere decir "manual". Hasta el día de hoy, sigue siendo uno de los resúmenes más profundos que se hayan escrito acerca de la fe cristiana y de la vida diaria. Léelo, apréndelo de memoria, medítalo, y compártelo con otra persona.

El Primer Mandamiento

No tengas otros dioses aparte de mí.

¿Qué quiere decir esto? Más que a todas las cosas debemos temer y amar a Dios y confiar en él.

El Segundo Mandamiento

No hagas mal uso del nombre del Señor tu Dios.

¿Qué quiere decir esto? Debemos temer y amar a Dios de modo que no usemos su nombre para maldecir, jurar, hechizar, mentir o engañar, sino que lo invoquemos en todas las necesidades, lo adoremos, alabemos y le demos gracias.

El Décimo Mandamiento

No codicies la mujer de tu prójimo, ni su esclavo o esclava, ni su buey ni su asno, ni nada que le pertenezca.

¿Qué quiere decir esto? Debemos temer y amar a Dios de modo que no le quitemos al prójimo su mujer, sus criados o sus animales, ni los alejemos, ni hagamos que lo abandonen, sino que los instemos a que permanezcan con él y cumplan con sus obligaciones.

[Los mandamientos están en Éxodo 20:3, 7, 8, 12–17.]

La Conclusión de los Mandamientos

¿Qué dice Dios de todos estos mandamientos en conjunto?

Dice así: "Yo soy el Señor tu Dios, Dios celoso que castiga la maldad de los padres que me odian, en los hijos, nietos y bisnietos; pero que trato con amor por mil generaciones a los que me aman y cumplen mis mandamientos." (Éxodo 20:5–6)

¿Qué quiere decir esto? Dios amenaza castigar a todos los que traspasan estos mandamientos. Por lo tanto, debemos temer su ira y no actuar en contra de dichos mandamientos. En cambio, él promete gracia y todo género de bienes a todos los que los cumplen. Así que debemos amarlo y confiar en él y actuar gustosos conforme a sus mandamientos.

El Primer Artículo

La creación

Creo en Dios Padre todopoderoso, creador del cielo y de la tierra.

¿Qué quiere decir esto? Creo que Dios me ha creado y también a todas las criaturas; que me ha dado cuerpo y alma, ojos, oídos y todos los miembros, la razón y todos los sentidos y aún los sostiene, y además vestido y calzado, comida y bebida, casa y hogar, esposa e hijos, campos, ganado y todos los bienes; que me provee abundantemente y a diario de todo lo que necesito para sustentar este cuerpo y vida, me protege contra todo peligro y me guarda y preserva de todo mal; y todo esto por pura bondad y misericordia paternal y divina, sin que yo en manera alguna lo merezca ni sea digno de ello. Por todo esto debo darle gracias, ensalzarlo, servirle y obedecerle.

Esto es con toda certeza la verdad.

El Segundo Artículo

La redención

Y en Jesucristo, su único Hijo, nuestro Señor; que fue concebido por obra del Espíritu Santo, nació de la virgen María; padeció bajo el poder de Poncio Pilatos, fue crucificado, muerto y sepultado; descendió a los infiernos; al tercer día resucitó de entre los muertos; subió a los cielos y está sentado a la diestra de Dios Padre todopoderoso; y desde allí ha de venir a juzgar a los vivos y a los muertos.

¿Qué quiere decir esto? Creo que Jesucristo, verdadero Dios engendrado del Padre en la eternidad, y también verdadero hombre nacido de la virgen María, es mi Señor, que me ha redimido a mí, hombre perdido y condenado, y me ha rescatado y conquistado de todos los pecados, de la muerte y del poder del diablo, no con oro o plata, sino con su santa y preciosa sangre y con su inocente pasión y muerte; y todo esto lo hizo para que yo sea suyo y viva bajo él en su reino, y le sirva en justicia, inocencia y bienaventuranza eternas, así como él resucitó de la muerte y vive y reina eternamente.

Esto es con toda certeza la verdad.

El Tercer Artículo

La santificación

Creo en el Espíritu Santo; la santa iglesia cristiana, la comunión de los santos; el perdón de los pecados; la resurrección de la carne y la vida perdurable. Amén.

¿Qué quiere decir esto? Creo que ni por mi propia razón, ni por mis propias fuerzas soy capaz de creer en Jesucristo, mi Señor, o venir a él; sino que el Espíritu Santo me ha llamado mediante el evangelio, me ha iluminado con sus dones, y me ha santificado y conservado en la verdadera fe, del mismo modo como él llama, congrega, ilumina y santifica a toda la cristiandad en la tierra, y la conserva unida a Jesucristo en la verdadera y única fe; en esta cristiandad él me perdona todos los pecados a mí y a todos los creyentes, diaria y abundantemente, y en el último día me resucitará a mí y a todos los muertos y me dará en Cristo, juntamente con todos los creyentes, la vida eterna.

Esto es con toda certeza la verdad.

EL PADRENUESTRO

Padre nuestro que estás en los cielos, santificado sea tu nombre; venga a nos tu reino; hágase tu voluntad, así en la tierra como en el cielo; el pan nuestro de cada día, dánoslo hoy; y perdónanos nuestras deudas, así como nosotros perdonamos a nuestros deudores; y no nos dejes caer en la tentación; mas líbranos del mal. Porque tuyo es el reino y el poder y la gloria por los siglos de los siglos. Amén.

Introducción

Padre nuestro que estás en los cielos.

¿Qué quiere decir esto? Con esto, Dios quiere atraernos para que creamos que él es nuestro verdadero Padre y nosotros sus verdaderos hijos, a fin de que le pidamos con valor y plena confianza, como hijos amados a su amoroso padre.

Primera Petición

Santificado sea tu nombre.

¿Qué quiere decir esto? El nombre de Dios ya es santo de por sí; pero rogamos con esta petición que sea santificado también entre nosotros.

¿Cómo sucede esto? Cuando la palabra de Dios es enseñada en toda su pureza, y cuando también vivimos santamente conforme a ella, como hijos de Dios. ¡Ayúdanos a que esto sea así, amado Padre celestial! Pero quien enseña y vive de manera distinta de lo que enseña la palabra de Dios, profana entre nosotros el nombre de Dios. De ello ¡guárdanos, Padre celestial!

Segunda Petición

Venga a nos tu reino.

¿Qué quiere decir esto? El reino de Dios viene en verdad por sí solo, aún sin nuestra oración. Pero rogamos con esta petición que venga también a nosotros.

¿Cómo sucede esto? Cuando el Padre celestial nos da su Espíritu Santo, para que, por su gracia, creamos su santa palabra y llevemos una vida de piedad, tanto aquí en el mundo temporal como allá en el otro, eternamente.

Tercera Petición

Hágase tu voluntad, así en la tierra como en el cielo.

¿Qué quiere decir esto? La buena y misericordiosa voluntad de Dios se hace, en verdad, sin nuestra oración; pero rogamos con esta petición que se haga también entre nosotros.

¿Cómo sucede esto? Cuando Dios desbarata y estorba todo mal propósito y voluntad que tratan de impedir que santifiquemos el nombre de Dios y de obstaculizar la venida de su reino, tales como la voluntad del diablo, del mundo y de nuestra carne. Así también se hace la voluntad de Dios, cuando él nos fortalece y nos mantiene firmes en su palabra y en la fe hasta el fin de nuestros días. Esta es su misericordiosa y buena voluntad.

Cuarta Petición

El pan nuestro de cada día, dánoslo hoy.

¿Qué quiere decir esto? Dios da diariamente el pan, también sin nuestra súplica, aún a todos los malos; pero rogamos con esta petición que él nos haga reconocer esto y así recibamos nuestro pan cotidiano con gratitud.

¿Qué es el pan cotidiano? Todo aquello que se necesita como alimento y para satisfacción de las necesidades de esta vida, como: comida, bebida, vestido, calzado, casa, hogar, tierras, ganado, dinero, bienes; piadoso cónyuge, hijos piadosos, piadosos criados, autoridades piadosas y fieles; buen gobierno, buen tiempo; paz, salud, buen orden, buena reputación, buenos amigos, vecinos fieles, y cosas semejantes a éstas.

Quinta Petición

Y perdónanos nuestras deudas, así como nosotros perdonamos a nuestros deudores.

¿Qué quiere decir esto? Con esta petición rogamos al Padre celestial que no tome en cuenta nuestros pecados, ni por causa de ellos nos niegue lo que pedimos. En efecto, nosotros no somos dignos de recibir nada de lo que imploramos, ni tampoco lo hemos merecido, pero quiera Dios dárnoslo todo por su gracia, pues diariamente pecamos mucho y sólo merecemos el castigo. Así, por cierto, también por nuestra parte

perdonemos de corazón, y con agrado hagamos bien a los que contra nosotros pecaren.

Sexta Petición

Y no nos dejes caer en la tentación.

¿Qué quiere decir esto? Dios, en verdad, no tienta a nadie; pero con esta petición le rogamos que nos guarde y preserve, a fin de que el diablo, el mundo, y nuestra carne, no nos engañen y seduzcan, llevándonos a una fe errónea, a la desesperación, y a otras grandes vergüenzas y vicios. Y aun cuando fuéremos tentados a ello, que al fin logremos vencer y retener la victoria.

Séptima Petición

Mas líbranos del mal.

¿Qué quiere decir esto? Con esta petición rogamos, como en resumen, que el Padre celestial nos libre de todo lo que pueda perjudicar nuestro cuerpo y alma, nuestros bienes y honra, y que al fin, cuando llegue nuestra última hora, nos conceda un fin bienaventurado, y, por su gracia, nos lleve de este valle de lágrimas al cielo, para morar con él.

Conclusión

Porque tuyo es el reino y el poder y la gloria por los siglos de los siglos. Amén.

¿Qué quiere decir esto? Que debo estar en la certeza de que el Padre celestial acepta estas peticiones y las atiende; pues él mismo nos ha ordenado orar así y ha prometido atendernos. Amén, amén, quiere decir: Sí, sí, que así sea.

Primero

¿Qué es el Bautismo?

El Bautismo no es simple agua solamente, sino que es agua comprendida en el mandato divino y ligada con la palabra de Dios.

¿Qué palabra de Dios es ésta?

Es la palabra que nuestro Señor Jesucristo dice en el último capítulo del Evangelio según San Mateo: “Vayan, pues, a las gentes de todas las naciones, y háganlas mis discípulos; bautícenlas en el nombre del Padre, del Hijo y del Espíritu Santo.” (Mateo 28:19)

Segundo

¿Qué beneficios confiere el Bautismo?

El Bautismo efectúa perdón de los pecados, redime de la muerte y del diablo, y da la salvación eterna a todos los que lo creen, tal como se expresa en las palabras y promesas de Dios.

¿Qué palabras y promesas de Dios son éstas?

Son las que nuestro Señor Jesucristo dice en el último capítulo de Marcos: "El que crea y sea bautizado, será salvo; pero el que no crea, será condenado." (Marcos 16:16)

Tercero

¿Cómo puede el agua hacer cosas tan grandes?

El agua en verdad no las hace, sino la palabra de Dios que está con el agua y unida a ella, y la fe que confía en dicha palabra de Dios ligada con el agua, porque, sin la palabra de Dios, el agua es simple agua, y no es Bautismo; pero, con la palabra de Dios, sí es Bautismo, es decir, es un agua de vida, llena de gracia, y un lavamiento de la regeneración en el Espíritu Santo, como San Pablo dice a Tito en el tercer capítulo:

Por medio del lavamiento nos ha hecho nacer de nuevo; por medio del Espíritu Santo nos ha dado nueva vida; y por medio de nuestro Salvador Jesucristo nos ha dado el Espíritu Santo en abundancia, para que, habiéndonos librado de culpa por su bondad, recibamos la vida eterna que esperamos." Esto es con toda certeza la verdad. (Tito 3:5–8)

Cuarto

¿Qué significa este bautizar con agua?

Significa que el viejo Adán en nosotros debe ser ahogado por pesar y arrepentimiento diarios, y que debe morir con todos sus pecados y malos deseos; asimismo, también cada día debe surgir y resucitar la nueva persona, que ha de vivir eternamente delante de Dios en justicia y pureza.

¿Dónde está escrito esto?

San Pablo dice en Romanos, capítulo seis: "Pues por el bautismo fuimos sepultados con Cristo, y morimos para ser resucitados y vivir una vida nueva, así como Cristo fue resucitado por el glorioso poder del Padre." (Romanos 6:4)

CONFESIÓN Y ABSOLUCIÓN

Manera como se debe enseñar a la gente sencilla a confesarse

¿Qué es la confesión?

La confesión contiene dos partes.

La primera, es la confesión de los pecados, y, la segunda, el recibir la absolución del confesor como de Dios mismo, no dudando de ella en lo más mínimo, sino creyendo firmemente que por ella los pecados son perdonados ante Dios en el cielo.

¿Qué pecados hay que confesar?

Ante Dios uno debe declararse culpable de todos los pecados, aún de aquellos que ignoramos, tal como lo hacemos en el Padrenuestro. Pero, ante el confesor, debemos confesar solamente los pecados que conocemos y sentimos en nuestro corazón.

¿Cuáles son tales pecados?

Considera tu estado basándote en los Diez Mandamientos, seas padre, madre, hijo o hija, señor o señora o servidor, para saber si has sido desobediente, infiel, perezoso, violento, insolente, reñidor; si hiciste un mal a alguno con palabras u obras; si hurtaste, fuiste negligente o derrochador, o causaste algún otro daño.

¿Qué es el oficio de las llaves?

El oficio de las llaves es el poder especial que nuestro Señor Jesucristo ha dado a su iglesia en la tierra de perdonar los pecados a los penitentes, y de no perdonar los pecados a los impenitentes mientras no se arrepientan.

¿Dónde está escrito esto?

Así escribe el evangelista San Juan en el capítulo veinte: "Y sopló sobre ellos, y les dijo: —Reciban el Espíritu Santo. A quienes ustedes perdonen los pecados, les quedarán perdonados; y a quienes no se los perdonen, les quedarán sin perdonar." (Juan 20:22–23)

¿Qué crees según estas palabras?

Cuando los ministros debidamente llamados de Cristo, por su mandato divino, tratan con nosotros, especialmente cuando excluyen a los pecadores manifiestos e impenitentes de la congregación cristiana, y cuando absuelven a los que se arrepienten de sus pecados y prometen enmendarse, creo que esto es tan válido y cierto, también en el cielo, como si nuestro Señor Jesucristo mismo tratase con nosotros.

¿Qué es el sacramento de la Cena del Señor?

Es el verdadero cuerpo y la verdadera sangre de nuestro Señor Jesucristo bajo el pan y el vino, instituido por Cristo mismo para que los cristianos lo comamos y bebamos.

¿Dónde está escrito esto?

Así escriben los santos evangelistas Mateo, Marcos y Lucas, y también San Pablo: "Nuestro Señor Jesucristo, la noche en que fue entregado, tomó el pan; y habiendo dado gracias, lo partió y dio a sus discípulos, diciendo: 'Tomen, coman; esto es mi cuerpo que por ustedes es dado. Hagan esto en memoria de mí.' Asimismo tomó también la copa, después de haber cenado, y habiendo dado gracias, la dio a ellos, diciendo: 'Tomen, y beban de ella todos; esta copa es el nuevo pacto en mi sangre, que es derramada por ustedes para remisión de los pecados. Hagan esto, todas las veces que beban, en memoria de mí.'"

¿Qué beneficios da el comer y beber así?

Los beneficios los indican estas palabras: "por ustedes dado" y "por ustedes derramada para perdón de los pecados." O sea, por estas palabras se nos da en el sacramento perdón de pecados, vida y salvación; porque donde hay perdón de pecados, hay también vida y salvación.

¿Cómo puede el comer y beber corporal hacer una cosa tan grande?

Ciertamente, el comer y beber no es lo que la hace, sino las palabras que están aquí escritas: "Por ustedes dado" y "por ustedes derramada para perdón de los pecados." Estas palabras son, junto con el comer y beber corporal, lo principal en el sacramento. Y el que cree dichas palabras, tiene lo que ellas dicen y expresan; eso es: "el perdón de los pecados."

¿Quién recibe este sacramento dignamente?

El ayunar y prepararse corporalmente es, por cierto, una buena disciplina externa; pero verdaderamente digno y bien preparado es aquél que tiene fe en las palabras: "por ustedes dado" y "por ustedes derramada para perdón de los pecados." Mas el que no cree estas palabras, o duda de ellas, no es digno, ni está preparado; porque las palabras "por ustedes" exigen corazones enteramente creyentes."

Oración de la Mañana

Por la mañana, apenas hayas abandonado el lecho, te harás la señal de la cruz y dirás así:

En el nombre de Dios Padre, † Hijo y Espíritu Santo. Amén.

Entonces, puesto de rodillas o de pie, dirás el Credo y el Padrenuestro. Si quieres, puedes orar brevemente así:

Te doy gracias, Padre celestial, por medio de Jesucristo, tu amado Hijo, porque me has protegido durante esta noche de todo mal y peligro, y te ruego que también durante este día me guardes de pecados y de todo mal, para que te agrade todo mi obrar y vivir. En tus manos encomiendo mi cuerpo, mi alma y todo lo que es mío. Tu santo ángel me acompañe, para que el maligno no tenga ningún poder sobre mí. Amén.

Y luego dirígete con gozo a tu labor entonando quizás un himno, por ejemplo acerca de los Diez Mandamientos, o lo que tu corazón te dicte.

Oración de la Noche

Por la noche, cuando te retires a descansar, te harás la señal de la cruz y dirás así:

En el nombre de Dios Padre, † Hijo y Espíritu Santo. Amén.

Entonces, puesto de rodillas o de pie, dirás el Credo y el Padrenuestro. Si quieres, puedes orar brevemente así:

Te doy gracias, Padre celestial, por medio de Jesucristo, tu amado Hijo, porque me has protegido benignamente en este día, y te ruego que me perdones todos los pecados que he cometido, y me guardes benignamente en esta noche. En tus manos encomiendo mi cuerpo, mi alma, y todo lo que es mío. Tu santo ángel me acompañe, para que el maligno no tenga ningún poder sobre mí. Amén.

Luego descansa confiadamente.

Para dar una Bendición

Los ojos de todos esperan de ti que tú les des su comida a su tiempo. Abres tu mano y con tu buena voluntad satisfaces a todos los seres vivos. (Salmo 145:15-16)

Luego recitarán el Padrenuestro y esta oración:

Señor Dios, Padre celestial: Bendícenos y bendice éstos tus dones, que de tu gran bondad recibimos. Por Jesucristo, nuestro Señor. Amén.

Acción de Gracias

Den gracias al Señor, porque él es bueno, porque su amor es eterno. Al que da de comer a hombres y animales. A él le agradan los que lo honran, los que confían en su amor. (Salmo 136:1, 25; 147:11)

Entonces recitarán el Padrenuestro, añadiendo la siguiente oración:

Te damos gracias, Señor Dios Padre, por Jesucristo, nuestro Señor, por todos tus beneficios: Tú que vives y reinas por todos los siglos. Amén.

Ciertas porciones de las Sagradas Escrituras, por las cuales el cristiano es amonestado con respecto a su vocación y a sus deberes

A los obispos, pastores, y predicadores

La conducta del que tiene responsabilidades como dirigente ha de ser irreprensible. Debe ser esposo de una sola mujer y llevar una vida seria, juiciosa y respetable. Debe estar siempre dispuesto a hospedar gente en su casa; debe ser apto para enseñar; no debe ser borracho ni amigo de peleas, sino bondadoso, pacífico y desinteresado en cuanto al dinero. Debe saber gobernar bien su casa y hacer que sus hijos sean obedientes y respetuosos. 1 Timoteo 3:2–4

El dirigente no debe ser un recién convertido, no sea que se llene de orgullo y caiga bajo la misma condenación en que cayó el diablo. 1 Timoteo 3:6

Debe apegarse al verdadero mensaje que se le enseñó, para que también pueda animar a otros con la sana enseñanza y convencer a los que contradicen. Tito 1:9

Deberes de los cristianos hacia sus pastores

Coman y beban de lo que ellos tengan, pues el trabajador tiene derecho a su paga. Lucas 10:7

De igual manera, el Señor ha dispuesto que quienes anuncian el mensaje de salvación vivan de ese mismo trabajo. 1 Corintios 9:14

El que recibe instrucción en el mensaje del evangelio, debe compartir con su maestro toda clase de bienes. No se engañen ustedes: nadie puede burlarse de Dios. Gálatas 6:6–7

Los ancianos que gobiernan bien la iglesia deben ser doblemente apreciados, especialmente los que se dedican a predicar y enseñar. Pues la Escritura dice: "No le pongas bozal al buey que trilla." Y también: "El trabajador tiene derecho a su paga." 1 Timoteo 5:17–18

Hermanos, les rogamos que tengan respeto a los que trabajan entre ustedes y los dirigen y aconsejan en el Señor. Deben estimarlos y amarlos mucho, por el trabajo que hacen. Vivan en paz unos con otros. 1 Tesalonicenses 5:12–13

Obedezcan a sus dirigentes y sométanse a ellos, porque ellos cuidan sin descanso de ustedes, sabiendo que tienen que rendir cuentas a

Dios. Procuren hacerles el trabajo agradable y no penoso, pues lo contrario no sería de ningún provecho para ustedes. Hebreos 13:17

Del gobierno civil

Todos deben someterse a las autoridades establecidas. Porque no hay autoridad que no venga de Dios, y las que hay, fueron puestas por él. Así que quien se opone a la autoridad, va en contra de lo que Dios ha ordenado. Y los que se oponen serán castigados; porque los gobernantes no están para causar miedo a los que hacen lo bueno, sino a los que hacen lo malo. ¿Quieres vivir sin miedo a la autoridad? Pues pórtate bien, y la autoridad te aprobará, porque está al servicio de Dios para tu bien. Pero, si te portas mal, entonces sí debes tener miedo; porque no en vano la autoridad lleva la espada, ya que está al servicio de Dios para dar su merecido al que hace lo malo. Romanos 13:1–4

Deberes de los ciudadanos

Den al emperador lo que es del emperador, y a Dios lo que es de Dios. Mateo 22:21

Es preciso someterse a las autoridades, no sólo para evitar el castigo, sino como un deber de conciencia. También por esta razón ustedes pagan impuestos; porque las autoridades están al servicio de Dios, y a eso se dedican. Denle a cada uno lo que corresponde. Al que deben pagar contribuciones, páguenle las contribuciones; al que deban pagar impuestos, páguenle los impuestos; al que deban respeto, respétenlo; al que deban estimación, estímenlo. Romanos 13:5–7

Ante todo encomiendo que se hagan peticiones, oraciones, súplicas y acciones de gracias a Dios por toda la humanidad. Se debe orar por los que gobiernan y por todas las autoridades, para que podamos gozar de una vida tranquila y pacífica, llena de reverencia a Dios y respetable en todos los sentidos. Esto es bueno y agrada a Dios nuestro Salvador. 1 Timoteo 2:1–3

Recuérdales que se sometan al gobierno y a las autoridades, que sean obedientes y que siempre estén dispuestos a hacer lo bueno. Tito 3:1

Por causa del Señor, sométanse a toda autoridad humana: tanto al emperador, por ser el cargo más alto, como a los gobernantes que él envía para castigar a los malhechores y honrar a los que hacen el bien. 1 Pedro 2:13–14

A los maridos

Los esposos sean comprensivos con sus esposas. Denles el honor que les corresponde, no solamente porque la mujer es más delicada, sino también porque Dios en su bondad les ha prometido a ellas la misma vida que a ustedes. Háganlo así para que nada estorbe sus oraciones. 1 Pedro 3:7

Esposos, amen a sus esposas y no las traten con aspereza. Colosenses 3:19

A las esposas

Esposas, estén sujetas a sus esposos como al Señor. Efesios 5:22

Ellas confiaban en Dios y se sometían a sus esposos. Así fue Sara, que obedeció a Abraham y le llamó "mi señor." Y ustedes son hijas de ella, si hacen el bien y no tienen miedo de nada. 1 Pedro 3:5–6

A los padres

Ustedes, padres, no hagan enojar a sus hijos, sino más bien críenlos con disciplina e instrúyanlos en el amor al Señor. Efesios 6:4; Colosenses 3:21

A los hijos

Hijos, obedezcan a sus padres por amor al Señor, porque esto es justo. El primer mandamiento que contiene una promesa es éste: "Honra a tu padre y a tu madre, para que seas feliz y vivas una larga vida en la tierra." Efesios 6:1–3

A los trabajadores de toda clase

Esclavos, obedezcan ustedes a los que aquí en la tierra son sus amos. Háganlo con respeto, temor y sinceridad, como si estuvieran sirviendo a Cristo. Sírvanles, no solamente cuando ellos los están mirando, para quedar bien con ellos, sino como siervos de Cristo, haciendo de todo corazón la voluntad de Dios. Realicen su trabajo de buena gana, como un servicio al Señor y no a los hombres. Pues ya saben que cada uno, sea esclavo o libre, recibirá del Señor según lo que haya hecho de bueno. Efesios 6:5–8

A empleadores y supervisores

Ustedes, amos, pórtense del mismo modo con sus siervos, sin amenazas. Recuerden que tanto ustedes como ellos están sujetos al Señor que está en el cielo, y que él no hace diferencia entre una persona y otra. Efesios 6:9

A los jóvenes

De la misma manera, ustedes los jóvenes sométanse a la autoridad de los ancianos. Todos deben someterse unos a otros con humildad, porque: “Dios se opone a los orgullosos, pero ayuda con su bondad a los humildes”. Humíllense, pues, bajo la poderosa mano de Dios, para que él los enaltezca a su debido tiempo. 1 Pedro 5:5–6

A las viudas

La verdadera viuda, la que se ha quedado sola, pone su esperanza en Dios y no deja de rogar, orando día y noche. Pero la viuda que se entrega al placer, está muerta en vida. 1 Timoteo 5:5–6

A todos los cristianos en general

Los mandamientos quedan comprendidos en estas palabras: "Ama a tu prójimo como a ti mismo." Romanos 13:9

Ante todo, recomiendo que se hagan peticiones, oraciones, súplicas y acciones de gracias a Dios por toda la humanidad. 1 Timoteo 2:1

Lo suyo aprenda cada cual
y en casa nada podrá ir mal.